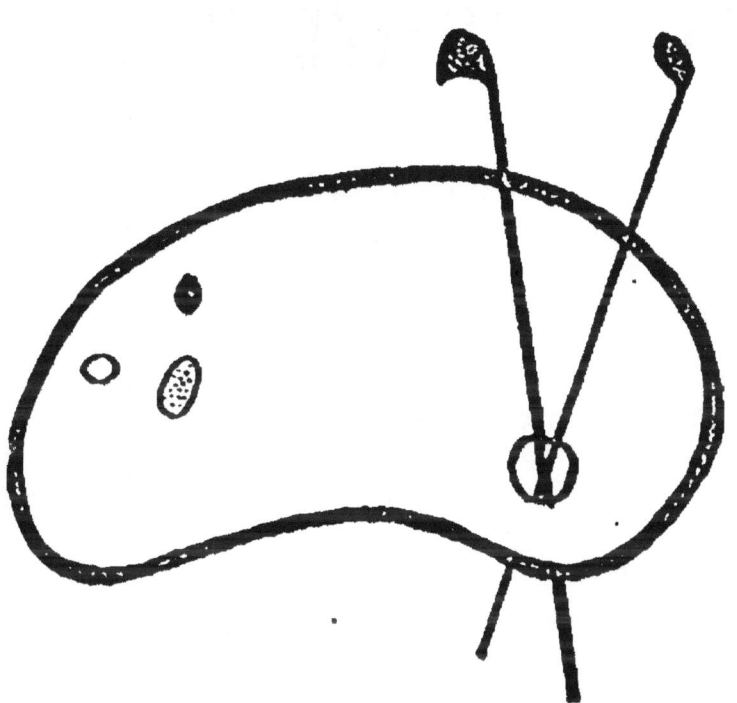

DEBUT D'UNE SERIE DE DOCUMENTS EN COULEUR

LES

TERRES FRANC-COMTOISES

D'OUTREJOUX

PAR

M. le docteur J. MEYNIER

BESANÇON

IMPRIMERIE ET LITHOGRAPHIE DE PAUL JACQUIN

1900

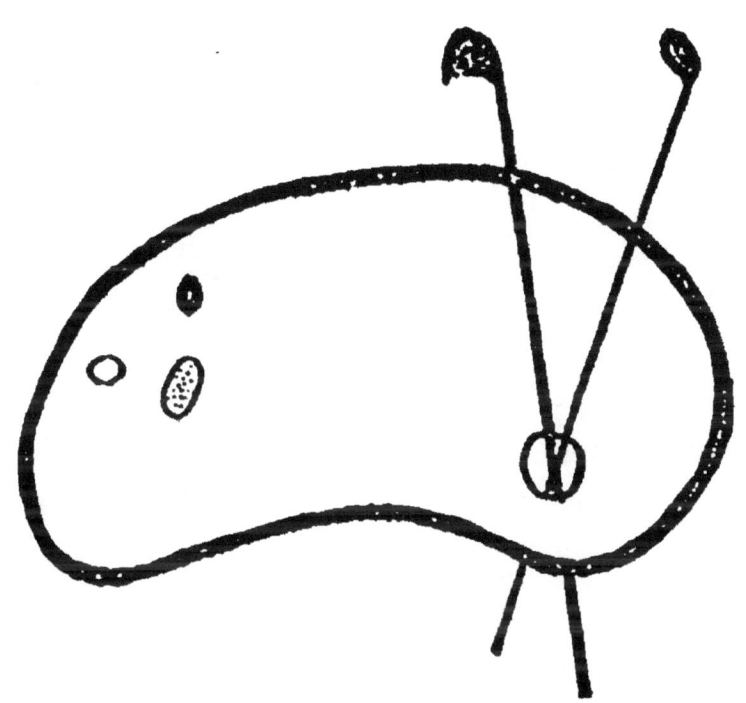

FIN D'UNE SERIE DE DOCUMENTS EN COULEUR

LES
TERRES FRANC-COMTOISES
D'OUTREJOUX

PAR

M. le docteur J. MEYNIER

La ville d'Orbe est mentionnée, pour la première fois, au II° siècle, dans l'itinéraire d'Antonin, sous le nom d'*Urba*. Elle était, à cette époque, la capitale des *Urbigeni*. César parle déjà de l'*Urbigenus pagus*, ou pays des Urbigènes. On la trouve également, entre *Lousonium* et *Ariarica*, sur la Table Théodosienne. Deux de ses faubourgs, la *Villa Tabernis* et le *Locus Tavellis*, sont nommés dès les premiers siècles du moyen âge. Le premier devait son nom aux hôtelleries destinées aux voyageurs qui suivaient la grande voie de Milan à Strasbourg par les Alpes Grées ; le deuxième empruntait le sien aux dalles ou *taveaux*, dont la route était pavée en ce point. La localité elle-même était une bourgade dont les maisons étaient disséminées autour des murs d'un *castrum* ; les substructions existent encore. Les *villa* et les *villare* dépendant de cette forteresse formaient un *fiscum* important, qui embrassait dans son ressort les pentes inférieures du Jura et le bassin de l'Orbe. Ce *fiscum* devint, sous les rois francs, un domaine royal. Un diplôme de Lothaire II, en faveur de Berthe, abbesse de Zurich, est daté d'*Urba villa regia*, en 869(1). Il passa des Carolingiens aux rois de la Bourgogne transjurane. Nous avons vu ailleurs (2) que le roi Rodolphe Ier, au printemps de l'année 888, donna à sa sœur Adélaïde le monastère de Romainmôtier. L'acte de concession paraît avoir été signé à Orbe, *Urba villa* (3).

A cette époque, Orbe était non seulement une résidence royale, *villa regia*, mais le chef-lieu d'un des quatre *pagi* secondaires ou *pagelli* du comté de Vaud, *pagus* ou *comitatus Vualdensis*. Ce district portait aussi le nom de Val d'Yverdon, *Vallum Eberdunense* (4). Le bourg d'Orbe se distinguait déjà du fisc royal, puisqu'une bulle du pape Urbain IX pour Romainmôtier le désigne, en 1049, sous le nom de *Vicus Urbensis* (5).

A l'extinction de la dynastie rodolphienne, en 1032, la terre d'Orbe avait passé à l'Empire, puis, vers 1076, à Guillaume le Grand, comte de Bourgogne, qui la reçut de l'empereur Henri III, en récompense de sa fidélité au cours de la révolte de ses sujets de Souabe et de Bourgogne alémanique. Guillaume la rattacha au comté bourguignon des Varasques, *pagus Varascorum*, ou Varais, *pagus Varascensis*, qui s'étendait, sur la partie élevée du comté de Bourgogne, de Salins à Belvoir. Il y joignit bientôt, en 1080, la suzeraineté des territoires d'Empire

---

(1) V. Grandidier, *Hist. de l'Égl. de Strasbourg*, t. II, p. 253.
(2) J. Meynier, *Le Prieuré de Romainmôtier*, p. 7.
(3) De Gingins-la-Sarra, *Cart. de Romainmôtier*, p. 577, et Dom Bouquet, *Script. rer. franc.*, t. IX, p. 691.
(4) « *In comitatu Vualdense, in vallo (alias in pago) Eberdunense in villa Urba.* » (Titr. de *1032*, aux arch. com. de Lausanne.)
(5) *Cart. Rom.*, l. c., p. 437.

entre le château des Clées (*castrum Cledarum*) et Avenches. Cette suzeraineté fut encore étendue par le mariage de son fils Raynaud III avec Régine, fille de Conon, comte d'Oltingen, qui lui apporta en dot le Vully, *pagus Vuilliacensis* (primitivement *pagus Aventicus* ou *Aventicensis*), avec d'autres possessions entre l'Aar et la Sarine. Ces dernières furent, dans la suite, inféodées aux sires de Glannes, leurs vassaux ; mais le château, la terre d'Orbe et d'autres terres, plus rapprochées du Jura, restèrent aux comtes de Bourgogne.

Les principaux officiers du comte de Bourgogne à Orbe étaient : l'avoué (*advocatus*) (1), juge d'appel, qui prit plus tard le titre de bailli ; le châtelain (*castellanus*) (2), haut justicier et chef militaire des vassaux (*milites*) ; et le mestral (*ministralis*), moyen et bas justicier, vérificateur des poids et mesures, qui joignait à ses attributions judiciaires et fiscales l'administration du domaine et la perception de ses revenus. Après la cession à Romainmôtier du bourg supérieur d'Orbe, en 1098, le prieuré y eut un *major* (3) ou *villicus* (4), chargé de la police rurale, dont l'office fut réuni, en 1259, à celui du mestral.

La lignée du comte Raynaud II s'étant éteinte dans la personne de Guillaume IV dit l'Enfant, assassiné traîtreusement à Payerne en 1127, la suzeraineté des possessions du comte de Bourgogne outre-Joux fut partagée entre les deux branches puînées de la famille régnante, les branches de Bourgogne et de Vienne. Le mariage de Gérard de Vienne et de Maurette de Salins, en 1175, réunit, aux droits de la branche de Vienne, ceux que les sires de

---

(1) *Rodulfus* ADVOCATUS *in villa Urba*, en 1001 (*Cart. de Rom.*, l. c., p. 461). — *Burchardus* ADVOCATUS *Urbe*, en 1097 (*Ibid.*, p. 467).
(2) *Reynaldus* CASTELLANUS *de Orba*, en 1270 (*Arch. de Turin, Vaud*).
(3) *Lambertus* MAJOR *de Urba* (*Cart. de Rom.*, p. 469).
(4) *Thiedmarus* VILLICUS *de Urba*, en 1096 (*Arch. cant. Vaud*).

Salins possédaient à Orbe où, dès l'an 1100, Duvernois constate leur autorité [1].

Raynaud III, dit le *Franc-Comte* [2], ne laissa, en mourant, qu'une fille nommée Béatrice, qui n'était pas encore nubile. D'après le droit germanique, qui était suivi en Bourgogne, la jeune princesse devait hériter des États de son père. Mais Guillaume, frère du comte défunt, s'empara d'elle et l'enferma dans une tour, avec la résolution de la faire mourir (1148). Elle y était depuis quatre ans, quand le sceptre impérial échut à un prince jeune, ardent et romanesque ; c'était Frédéric Barberousse, de la maison de Souabe. Il entreprit de délivrer la prisonnière et lutta, pendant une année, contre Guillaume, pour le contraindre à mettre sa nièce en liberté. Séduit par les charmes de la jeune héritière et sans doute aussi par ceux de l'héritage (l'Allemand a toujours été plutôt positif !), il répudia sa femme pour l'épouser (1156). L'Empereur, voulant mettre les uns et les autres en des mains sûres et fidèles, investit, pour la moitié et par indivis, Amé II de Montfaucon, comte de Montbéliard, des terres que Béatrice possédait au delà du Jura, l'autre moitié restant à la comtesse de Bourgogne (1168), qui la légua à ses successeurs, aux mains desquelles elle est restée, avec la suzeraineté, jusque vers la fin du XV° siècle. Frédéric réunit bientôt à ces terres celles de Gaucher III, sire de Salins, qui perdit ses possessions transjuranes à la suite d'une disgrâce dont les causes sont mal connues. Enfin, Amé III de Montfaucon, petit-fils d'Amé II, devait acquérir plus tard (1255), par un échange fait avec Hugues de Chalon et Alix de Bourgogne, sa femme, la moitié de la seigneurie d'Orbe réservée aux comtes de Bourgogne. « Cette acquisition, dit M. de

---

[1] *Relations du comté de Bourgogne avec l'Helvétie*, l. c., p. 26, n° 33.

[2] Il avait refusé de faire hommage à l'Empereur comme roi de Bourgogne.

Gingins (1), eut lieu sous la réserve qu'Orbe, quoique enclavée dans la patrie de Vaud, continuerait à être un fief mouvant des comtes de Bourgogne (2). »

La maison de Montfaucon était une des plus illustres du comté de Bourgogne par l'ancienneté de son origine et par l'importance des terres qu'elle possédait sur les deux versants du Jura. Le château dont il avait pris le nom et qui fut son berceau, château dont on voit les pittoresques ruines près de Besançon, paraît avoir existé dès le viie siècle. Montfaucon, ainsi que l'abbaye de Bregille, sa voisine, est mentionné dans le partage des États de Lothaire II en 870 (3). Cent vingt villages en relevaient (4), et ses fiefs s'étendaient des portes de Besançon jusqu'aux limites du Val de Morteau et même au delà, dans le Val de Ruz et le Valangin. Les sires de Montfaucon étaient feudataires de l'archevêché de Besançon, dont ils avaient, à titre héréditaire, le grand maréchalat. Dès la fin du xie siècle, ils étaient alliés aux maisons les plus illustres de l'Alsace et de la Bourgogne transjurane, et s'étaient élevés de prime saut au rang des princes, et presque des souverains (5).

Le nouveau seigneur d'Orbe, fils puîné de Richard III, comte de Montbéliard, avait eu, dans le partage des biens paternels, les seigneuries de Montfaucon, de Bouclans, de Roulans, de Vercel, de Vennes et de Vuillafans-le-Vieil, avec les avoueries du prieuré de Morteau et de l'abbaye de la Grâce-Dieu et la suzeraineté sur les seigneuries de la Roche-Saint-Hippolyte, de Châtillon-sous-Maîche, de

---

(1) In *Rectorat de Bourgogne*, l. c., p. 201.
(2) « *Si que il* (le sire de Monfaucon) *tient le tout d'Orbe en fyé lige et chasement de nos ligement.* »
(3) Pertz, *Mon. Germ.*, t. III, p. 517.
(4) Dunod, *Comté*, t. II, p. 608.
(5) V. de Gingins-la-Sarra, *Tableau généal. des sires de Montfaucon.*

Châteauneuf-de-Vuillafans, de Belvoir et de Saint-Julien. Avant de devenir seigneur d'Orbe, il avait formé la seigneurie de Passavant. « Amé III éleva très haut la fortune de sa maison, et accrut ses biens d'une manière notable, grâce surtout à la munificence de Jean de Chalon, qui était tout à la fois son beau-fils et son oncle à la mode de Bourgogne (1). » C'est lui qui fit du bourg supérieur d'Orbe, bâti sur l'emplacement du castrum romain, un lieu fermé et fortifié.

La première acquisition territoriale au delà du Jura fut celle de la terre d'Échallens (2), colonie burgonde aux destinées de laquelle furent intimement liées désormais celles de la ville d'Orbe. Ce fut Amé III, probablement, qui éleva le château d'Échallens, autour duquel il forma, par des acquisitions successives, une grande seigneurie. Son second fils, Gauthier II, qui lui succéda dans les seigneuries d'Orbe et d'Échallens, continua, avec un grand esprit de suite, l'œuvre de son père et constitua définitivement la seconde de ces seigneuries.

La maison de Montfaucon possédait, dans le comté de Vaud, une troisième terre, dont l'entrée dans ses domaines était bien antérieure à celle d'Orbe et à celle d'Échallens. Il s'agit ici de la terre de Montagny-le-Corbe, qui était tout entière enclavée dans la châtellenie de Grandson. De Gingins pense qu'elle a été apportée à cette maison par Béatrice, première femme d'Amé II, qui aurait été une Grandson. Quoi qu'il en soit, Montagny-le-Corbe, avec ses appartenances et dépendances, était aux Montfaucon dès la fin du XII° siècle et fut possédé, avec Orbe, par Amé III.

C'est à Jean II, fils de Gauthier II, qu'il faut rapporter l'entrée des terres d'Échallens et de Montagny-le-Corbe

---

(1) Gingins-la-Sarra, *Tableau généal.*, etc.
(2) *Carlincus; Charlens*, en 1141, dans un titre de l'abbaye de Montbenoît. V. Droz, *Hist. de Pontarlier*, pr., p. 252.

dans l'allégeance des comtes de Savoie. Il y consentit, en 1317, moyennant une somme de 200 livres tournois qu'il reçut du comte Amédée V. Gérard, son frère, étendit la seigneurie d'Échallens par l'acquisition de la châtellenie de Bottens, qu'il prit en fief de l'évêque de Lausanne, auquel il rendit hommage en 1348 (1).

A cette époque, la peste noire, un des nombreux et terribles fléaux qui ont si souvent frappé les peuples au moyen âge, sévit dans le comté de Vaud, où elle enleva la plus grande partie de la population. Les terres, abandonnées, étaient tombées en friche, et la famine menaçait de mort les hommes que la maladie avait épargnés. Afin de repeupler ses domaines, Gérard employa un procédé familier à ses cousins de Chalon et qui leur a réussi : il octroya aux bourgeois d'Orbe et d'Échallens des franchises, les franchises dont jouissait Mowdon, alors capitale du pays, et qui étaient les plus étendues qu'on y connût.

Son fils, Jean III, aussi aventureux que ses prédécesseurs avaient été pratiques, suivit le *comte Vert* (2) dans son expédition contre les Bulgares et les Turcs, en 1366, et dans sa guerre aux Visconti, en 1372. Ce fut au cours de cette dernière campagne qu'il trouva la mort dans une sanglante rencontre qui avait duré une journée entière (3).

Bien que marié deux fois, Jean III ne laissait pas d'enfants, et sa succession, après de longs démêlés entre les divers membres de la maison de Montfaucon, vint, en 1379, à Jean-Philippe, troisième fils du comte Étienne de Montbéliard. Le jeune prince fut mis en possession d'Échallens et de Montagny-le-Corbe, en avril 1381. Il accompagna Louis d'Anjou dans son expédition pour recouvrer le royaume de Naples, et mourut en 1382, à Santa Agata,

---

(1) *Archiv. cant. de Lausanne.*
(2) Amédée VI, comte de Savoie.
(3) La victoire resta aux Savoyards, qui vengèrent sa mort. V. Guichenon.

victime d'une affection épidémique qui avait décimé l'armée.

Comme Jean-Philippe de Montfaucon n'avait pas eu le temps de se marier, son frère aîné, le comte Henri II de Montbéliard, hérita de ses terres vaudoises. Ce fut le dernier rejeton mâle des Montfaucon-Montbéliard. Il fut tué, le 28 septembre 1396, à la bataille de Nicopolis, qui fut si funeste à la noblesse des deux Bourgognes et de l'Artois, ne laissant que des filles.

Son père, le comte Étienne, eut la douleur de lui survivre une année. Avant de mourir, le 2 novembre 1397, il avait partagé, entre ses quatre petites-filles, son opulente succession. Conformément à ses dispositions testamentaires, l'aînée, Henriette, promise à Ébérard le Jeune de Wurtemberg, eut le comté de Montbéliard et les terres de Granges, de Clerval et de Passavant, avec la suzeraineté du comté de la Roche-Saint-Hippolyte et de la seigneurie de Franquemont. La deuxième, Marguerite, hérita de « toutes les terres d'Oultrejoux, de la diocèse de Lausanne, c'est à savoir ou chastel, ville et forteresse d'Orbe ; ou chastel, ville et forteresse d'Échallens ; ou chastel et forteresse de Montagny-le-Courbe ; ou chastel et forteresse d'Oron ; ou chastels et forteresses de Palexuels et de Boutans en toutes les rentes, droits, terres, chastellenies, villes, villages, fiedz, rière-fiedz, noblesses, seigneuries et toutes pertenances et appendixes quelconques (1). » La jeune princesse apporta toutes ces possessions à son mari Humbert de Villersexel, fils du comte Henri de la Roche-Saint-Hippolyte.

Nous n'avons pas trouvé établi, d'une manière suffisante pour pouvoir l'affirmer, comment les Montfaucon d'Orbe

---

(1) *Testament d'Étienne, de Montbéliard, daté du Chastel-Derrière de Montbéliard, le dernier du mois d'octobre 1397 (Archiv. de Montbéliard).*

sont arrivés à posséder les seigneuries d'Oron-le-Châtel et de Palésieux, qui appartenaient encore en 1380 à François de Gruyères. Mais il paraît que ce digne rejeton d'une famille toujours à court d'argent les a vendues, peu après 1391, à Henri II de Montfaucon, comte de Montbéliard, pour la somme de quatorze mille écus d'or, avec faculté de rachat (1). Elles sont revenues plus tard aux comtes de Gruyères, qui les ont conservées jusqu'au jour où Michel, le dernier, se vit forcé de remettre ses biens à ses créanciers (2).

Marguerite de Montfaucon-Montbéliard était à peine pubère, lorsque Humbert de Villersexel, son mari, vint à Orbe, pour se faire reconnaître comme seigneur par la bourgeoisie de la ville; ce qu'il n'obtint qu'après avoir juré de la maintenir dans la jouissance pleine et entière de ses franchises. Elle mourut très jeune, en 1411, sans lui avoir donné d'héritier. Comme elle n'avait pas fait de testament, ses trois sœurs (3) héritèrent de tous ses biens et les laissèrent d'abord dans l'indivision. Ils furent ensuite partagés entre les divers prétendants; mais, après de longs démêlés (4), Louis de Chalon-Arlay, prince d'Orange, mari de Jeanne de Montbéliard, finit par entrer en possession, au nom de sa femme, de toutes les terres de Montfaucon au delà du Jura. Elles étaient de nouveau réunies en 1424.

Louis de Chalon était un des seigneurs les plus opulents (5) de France et de Bourgogne. Il fit de grandes dé-

---

(1) V. Hisely, *Hist. du comté de Gruyères*, t. I, p. 382.
(2) Ces créanciers étaient les seigneurs de Fribourg, qui réunirent la Gruyère à leur canton.
(3) Henriette, comtesse de Wurtemberg; Jeanne, femme de Louis de Chalon, sire d'Arguel et de Montfaucon, et Agnès, femme de Thiébaud VIII, sire de Neufchâtel en Bourgogne.
(4) V. Gingins-la-Sarra, *Rech. hist. sur les acquisitions des sires de Montfaucon et de la maison de Châlon dans le pays de Vaud*, p. 190-202.
(5) On dit aussi : les plus avares.

penses pour mettre en bon état ses châteaux des deux versants du Jura. Après la restauration de celui d'Orbe, auquel il tenait tout particulièrement « comme le principal anneau de la chaîne qui reliait entre elles ses nombreuses et riches possessions (1), » il y séjourna plusieurs fois, ce qui contribua sans doute au développement et à la prospérité de la ville. Les meilleurs rapports s'établirent entre le seigneur et les habitants et se maintinrent sous ses successeurs.

Sa femme Jeanne mourut jeune (1445) (2), lui laissant un fils qui fut le premier Guillaume d'Orange. Il épousa, en secondes noces, Éléonore d'Armagnac, dont il eut deux autres fils, Louis et Hugues (3). Il mourut en son château de Nozeroy, le 3 décembre 1463, âgé de soixante-treize ans. Par son testament, il donnait à Hugues, le plus jeune de ses fils et son favori, les terres de Jougne, d'Orbe, d'Échallens, de Grandson, de Montagny-le-Corbe, de Belmont et de Bottens. Grandson et Belmont étaient des acquisitions de date relativement récente. Le premier avait été inféodé à Marguerite de Montbéliard, en 1403, par Amédée VIII, encore comte de Savoie, le second à Louis de Chalon, en 1447, par le duc de Savoie Louis Ier (4). Louis de Chalon donnait aussi à Hugues le trésor de la famille, qui était gardé, en son château de Nozeroy, dans la *Tour de plomb*. Louis, son second fils, était déclaré héritier universel, au détriment de son ainé.

---

(1) De Gingins-la-Sarra, *Hist. de la ville d'Orbe*, p. 72.
(2) Elle avait cinquante-quatre ans.
(3) Connu aussi sous le nom de Huguenin.
(4) La terre de Grandson comprenait les villages de Bonvillars, Champagne, Concise, Corcelles, Corcelettes, Fiez, Fontanezier, Fontaines, Giez, la Gottetaz, Mathod, Mauborget, Mordagnes, la Mougnetaz, Montron, Novalles, Piney, la Poliosaz, Provences, Rumeyrou, Saint-Aubin, Saint-Maurice, Sauges, Treyçovagnes, Vugelles, Vuitebœuf, Villars, Yvonand, celle de Belmont, les villages de Cheseaux, Épendes, Gressy, Pomy, Sermuz, Suchy, Ursins, Valleyres, Villars-Freylon.

De telles dispositions ne pouvaient être acceptées par le fils de Jeanne de Montbéliard, et son père l'avait bien prévu. A peine le prince défunt avait-il rejoint ses ancêtres dans l'église de l'abbaye de Mont-Saint-Marie, que Guillaume d'Orange s'emparait violemment de sa succession et en évinçait ses deux frères. Mais Louis avait commis au soin de leurs intérêts un homme prudent et énergique qui prit immédiatement le fait en main. C'était son échanson Pierre de Jougne, de la famille des Mayor de Romainmôtier (1), qu'il avait fait châtelain d'Orbe et donné pour gouverneur à son fils Hugues, âgé, à cette époque, de quinze ans à peine. Pierre de Jougne était le petit-fils et le fils d'anciens serviteurs de la maison de Chalon. D'un physique avantageux, il était d'un caractère aventureux et hardi.

Fidèle aux instructions de son maître, Pierre avait déjà enlevé le trésor de Nozeroy, et s'était transporté avec son pupille au delà du Jura. Il avait agi avec une telle habileté qu'il avait franchi les montagnes par des chemins détournés, et gagné Genève avant l'ouverture du testament. Après avoir mis le jeune prince sous la protection du duc de Savoie, Amédée IX, il ne tarda pas à entreprendre, avec l'aide d'un millier de bons compagnons « savoisiens, vaudois et *suichois* (2), » de lui faire ouvrir les portes de ses châteaux. Dans les premiers jours d'août 1465, il se présenta devant le bourg d'Échallens, qui lui ouvrit les siennes. Il en fut de même à Belmont. Montagny-le-Corbe fut échelé. Orbe fut pris presque sans résistance le 8, et Hugues y entra le lendemain, à la tête de quatre-vingts chevaux. Pendant ce temps, ses compagnons de guerre avaient surpris le bourg de Jougne, mais n'avaient pu s'emparer du château. Ce fut tout : un écuyer du comte de Genève, Pierre de Crans, qui dirigeait l'expédition con-

---

(1) C'est pour cela qu'on l'appelait aussi Pierre *Mayoris*.
(2) Enquête faite à Orbe et Jougne, août 1465 (*Arch. de la maison de Chalon*).

tre Grandson, était venu le 6, avec une bande d'Allemands, forcer l'entrée du bourg et mettre le siège devant le château, où la garnison s'était retirée. Pendant cinq jours, ses soldats dirigèrent sans succès contre les murs leurs traits et le feu de leurs couleuvrines et de leurs bombardes. Irrités d'une si longue résistance, ils mirent le feu aux hourds ou galeries de bois qui surplombaient la porte principale, et d'où les assiégés tiraient sans relâche. Du château le feu se communiqua au bourg, qui fut réduit en cendres; mais la forteresse ne fut pas prise.

Après l'échec de cette expédition, la situation de Hugues devint des plus critiques; il dut se réfugier de nouveau à la cour de Savoie, et y attendre les événements. Guillaume d'Orange la représenta comme une série d'actes de brigandage. A l'entendre, son jeune frère avait, en levant le siège du château de Jougne, « butiné et fourragé toute la ville, où il n'était demeuré que des maisons vuides; » puis il était allé, avec ses complices, piller et brûler Grandson. Cependant, le pillage de Jougne, pas plus que l'incendie de Grandson, n'était son fait.

Par ses récits mensongers, Guillaume avait obtenu du duc de Bourgogne Philippe le Bon, le 8 septembre 1464, un arrêt qui condamnait ses frères à évacuer l'héritage paternel et à se contenter, pour tout partage, d'une rente de 7,000 livres. Après l'expédition malheureuse de Hugues, en 1465, le nouveau châtelain d'Orbe, Jacquet d'Arnex, avait reçu du bailli d'Aval l'ordre d'informer de ses entreprises et de celles de Pierre de Jougne. Puis le parlement de Dole avait rendu, contre Hugues et ses complices, une sentence de bannissement et de confiscation de tous leurs biens (17 mai 1466) [1].

Mais le triste prince d'Orange ne devait pas jouir longtemps du bien d'autrui. Le duc de Savoie avait prononcé

---

(1) V. Clerc, *Hist. de Fr.-Comté*, t. II, p. 518-519, 535-538 et 541-542.

le séquestre des terres de Grandson, de Montagny, de Belmont et d'Échallens au mois de janvier précédent, et, en attendant le jugement à intervenir, avait ordonné à ses commissaires d'en faire sortir les hommes du prince et de défendre à tous sujets de leur prêter aide et secours (1). Hugues, il est vrai, dut attendre la mort du duc Philippe et l'agrément de son successeur pour rentrer dans le comté de Bourgogne (juin et août 1467), et ce fut seulement alors que son frère et lui purent remettre au nouveau duc le jugement du différend qui s'était élevé entre leur aîné et eux. Mais Charles le Hardi régla immédiatement et définitivement l'affaire, en suivant autant que possible les dernières volontés du défunt prince d'Orange. Étant à La Haye, il rendit, le 1er septembre 1469, une ordonnance qui abolissait les arrêts de confiscation rendus contre lui par le parlement de Dole, et lui rendait les « terres et seigneuries de Jougne, de Rochejean et d'Orbe, ainsi que les Hautes-Joux et les rentes sur les salines de Salins du partage de Chalon.... pour lui et ses hoirs, en considération des services de feu Louis de Chalon, prince d'Orange, son père (2). » Le 28 janvier 1470, Hugues de Chalon entrait solennellement à Orbe à trois heures de l'après-midi. Il arrivait de Jougne accompagné de Guillaume, sire de la Sarra, de Nicod de la Sarra, seigneur de Glérens, de Henri de Colombier, chevalier, et de ses propres officiers, Jean de Chauvirey, bailli de Jougne, Aymonet de Fellyn, châtelain de Jougne, Pierre de Jougne, bailli d'Orbe, et Gérard de Chabres, son écuyer (3).

A l'exemple du duc de Bourgogne, Amédée IX rendit à Hugues de Chalon les terres que son père lui avait léguées dans le pays de Vaud. Le jeune prince se rendit, le mois suivant, à Échallens, qui lui ouvrit ses portes et dont il

---

(1) *Invent. de Chalon*, cote O, n° 72.
(2) *Invent. de Chalon*, cote O, n° 72. *Archiv. du Doubs.*
(3) *Arch. cant. de Lausanne.*

confirma les franchises (1); puis à Montagny-le-Corbe, dont il reprit possession sans opposition (2). Mais il dut rétrocéder au duc de Savoie, auquel il ne pouvait guère le refuser, la terre de Belmont pour le prix que son père en avait donné. En ce qui concerne le château et la seigneurie de Grandson, Hugues eut à en disputer la possession à Guillaume d'Orange, qui y prétendait du chef de sa mère, bien qu'il l'eût aliéné pour payer ses dettes, et que son père eût dû le racheter de ses propres deniers. La mort de ce triste prince, le 27 octobre 1475, put seule la lui assurer (3).

Comme feudataire du duc de Bourgogne, Hugues de Chalon dut suivre Charles le Hardi dans sa guerre contre les Suisses. Dès le début de cette guere funeste, les confédérés s'emparèrent de ses terres d'outre-Joux. Après Grandson et Morat, elles restèrent entre leurs mains et furent d'abord indivises. Mais une sentence arbitrale du 29 mai 1484 les adjugea définitivement à Fribourg et à Berne, moyennant une indemnité payée aux sept autres cantons alliés. Les seigneuries de Grandson, de Montagny, d'Orbe, d'Échallens et de Bottens formèrent deux bailliages communs, dont les baillis étaient nommés alternativement pour deux ans par les États de Fribourg et de Berne. Les deux premières formèrent le bailliage de Grandson, les trois autres celui d'Échallens (4).

A la perte de la nationalité bourguignonne, leurs infortunés habitants ne devaient pas tarder à joindre celle de leur antique foi. Du moins s'honorèrent-ils par une courageuse résistance à l'introduction chez eux des nouveautés religieuses. Cette résistance fut très vive à Grandson et à

---

(1) *Arch. cant. de Lausanne.*
(2) *Invent. de Chalon*, cote O, n° 74. *Archiv. du Doubs.*
(3) *Ibid.*, cote O, n° 12.
(4) La mort héroïque de son frère Louis, à la bataille de Grandson, lui redonna, en Franche-Comté, plus qu'il n'avait perdu par delà les monts. Il finit par devenir, au dire de Commines, le plus grand seigneur de ce pays.

Montagny, mais elle y dura peu (1531-1535). A Orbe, les premiers troubles causés par la réforme commencèrent en 1531 et divisèrent, pendant plus de vingt ans, les habitants en deux partis hostiles. Les catholiques s'appuyaient sur l'État de Fribourg, les partisans de la réforme sur celui de Berne. Ceux-ci finirent par l'emporter en 1554; mais, jusqu'en 1565, on dit encore secrètement la messe à Orbe (1). La réforme ne put même s'établir à Échallens et à Bottens, où la volonté de Fribourg prévalut. A différentes époques, les réformés d'Échallens ont tenté, à l'instigation de Berne, d'y faire cesser le culte catholique, en 1619 même, ils furent sur le point d'y réussir, mais toujours Fribourg, appuyé par les cantons et les puissances catholiques, a réussi à conserver aux catholiques la liberté religieuse. Elle a été consacrée, en 1811, par un acte de médiation de Napoléon Ier, dont les effets durent encore.

Seigneurs d'Orbe et d'Échallens

1° Maison de Montfaucon

Amé II de Montfaucon, comte de Montbéliard. . .	1168-1192
Richard III, sire de Montfaucon.	1192-1228
Amé III, sire de Montfaucon.	1228-1280
Gauthier II, sire de Montfaucon.	1280-1309
Jean II, sire de Montfaucon	1309-1318
Girard de Montfaucon.	1318-1352
Jean III de Montfaucon	1352-1372
Jean-Philippe de Montfaucon-Montbéliard	1372-1382
Henri II de Montfaucon, comte de Montbéliard . .	1382-1396
Marguerite de Montfaucon-Montbéliard	1396-1410
Jeanne de Montfaucon-Montbéliard	1410-1445

2° Maison de Chalon

Louis de Chalon, époux de Jeanne de Montbéliard-Montfaucon	1445-1463
Hugues de Chalon	1463-1476

(1) Pour se rendre un compte exact de la résistance d'Orbe, il faut lire les *Mémoires de Pierre de Pierrefleur*, publiés en 1856, à Lausanne, par le docteur Verdeil.

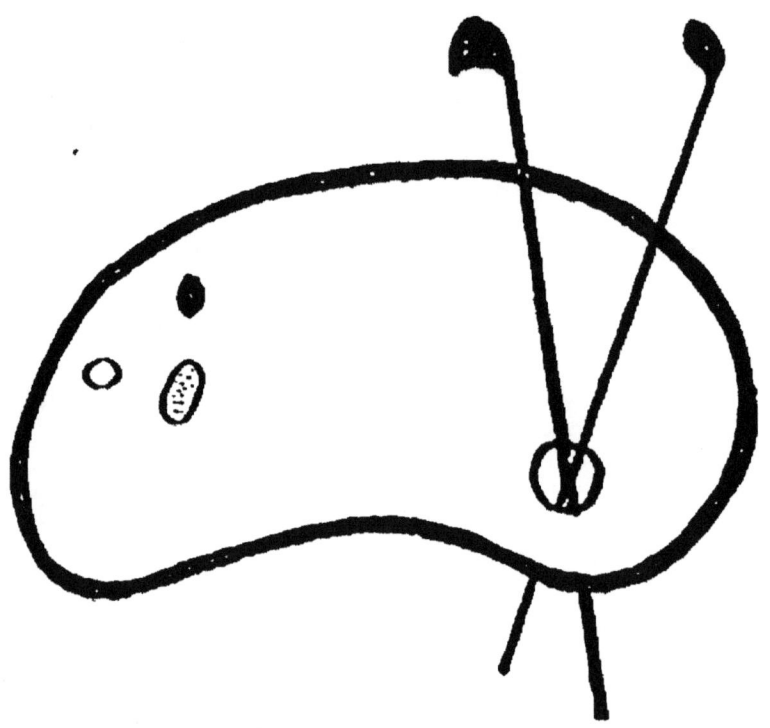

www.ingramcontent.com/pod-product-compliance
Lightning Source LLC
Chambersburg PA
CBHW070543050426
42451CB00013B/3148